Impressum
Verlag: BABADADA GmbH, Nedderfeld 112 , 22529 Hamburg
Geschäftsführer / Verlagsleitung: Harald Hof
Druck: Books on Demand GmbH, In de Tarpen 42, 22848 Norderstedt

Imprint
Publisher: BABADADA GmbH, Nedderfeld 112 , 22529 Hamburg, Germany
Managing Director / Publishing direction: Harald Hof
Print: Books on Demand GmbH, In de Tarpen 42, 22848 Norderstedt, Germany

iskola
škola

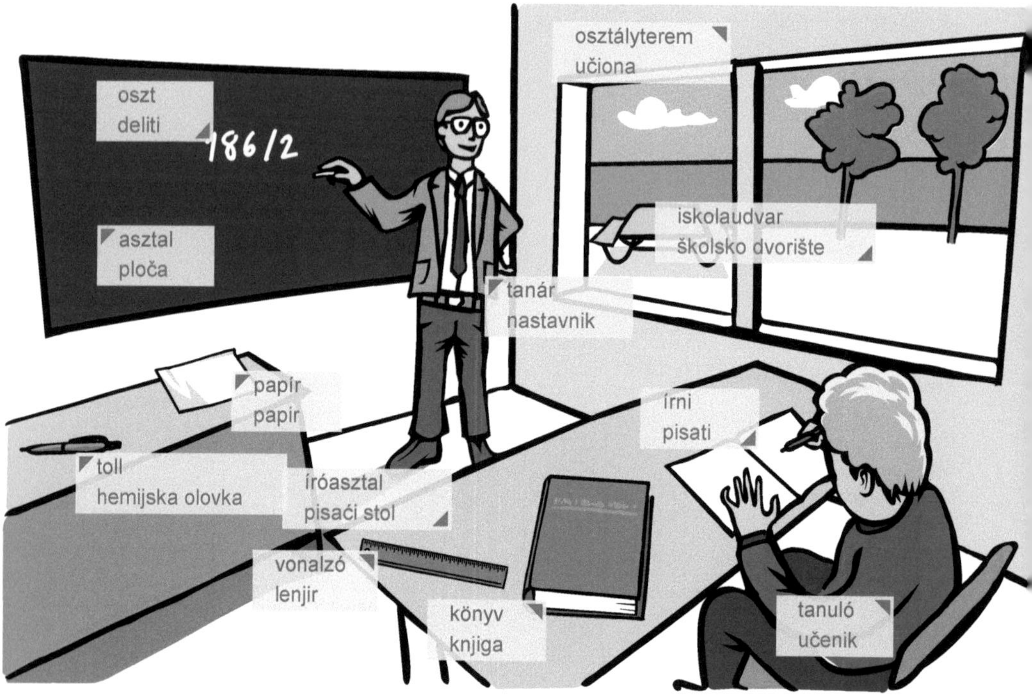
osztályterem
učiona
oszt
deliti
186/2
asztal
ploča
iskolaudvar
školsko dvorište
tanár
nastavnik
papír
papir
írni
pisati
toll
hemijska olovka
íróasztal
pisaći stol
vonalzó
lenjir
könyv
knjiga
tanuló
učenik

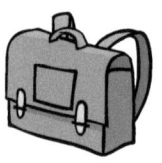

iskolatáska
torba

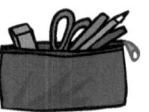

tolltartó
pernica

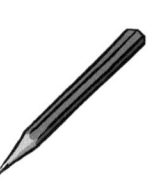

ceruza
grafitna olovka

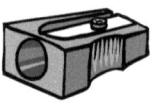

ceruzahegyező
šiljilo za olovke

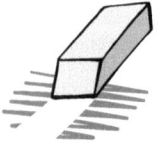

radír
gumica za brisanje

rajzfüzet
blok za crtanje

rajz
crtež

ecset
kist

festőkészlet
kutija sa bojama

olló
makaze

ragasztó
lepilo

munkafüzet
beležnica

házi feladat
domaći zadatak

12

szám
broj

2+2

összead
sabirati

5-2

kivon
oduzimati

2×2

szoroz
množiti

számol
računati

A

betű
slovo

ABCDEFG
HIJKLMN
OPQRSTU
VWXYZ

ABC
abeceda

szó
reč

szöveg

tekst

olvasni

čitati

kréta

kreda

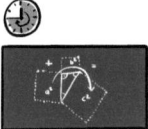

tanóra

čas

napló

dnevnik

vizsga

ispit

bizonyítvány

svedočanstvo

iskolai egyenruha

školska uniforma

oktatás

obrazovanje

enciklopédia

leksikon

egyetem

univerzitet

mikroszkóp

mikroskop

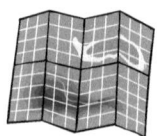

térkép

karta

papír-hulladék gyűjtő

košara za papir

utazás
putovanje

hotel
hotel
Grand
szállás
prenoćište
ROOMS
valutaváltó iroda
menjačnica
EXCHANGE
bőrönd
kofer
autó
auto

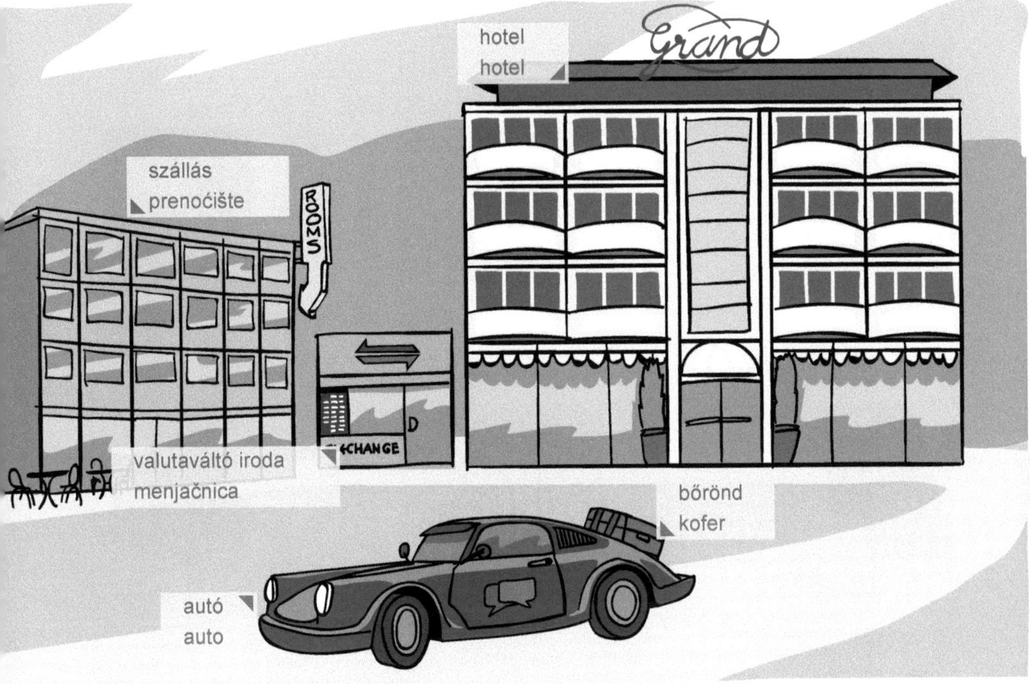

nyelv

jezik

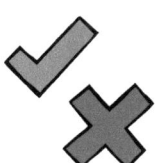

igen/nem

da / ne

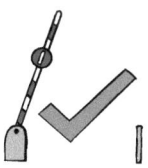

rendben

okej

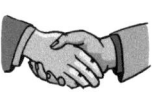

szia

zdravo

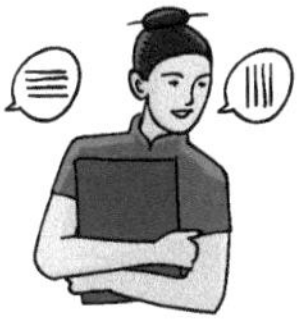

fordító

prevodilac

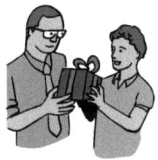

köszönöm

hvala

mennyibe kerül...?

Koliko košta...?

nem értem

ne razumem

probléma

problem

Jó estét!

dobro veče!

jó reggelt!

Dobro jutro!

jó éjszakát!

Laku noć!

viszontlátásra

doviđenja

útirány

smer

poggyász

prtljaga

táska

torba

hátizsák

ruksak

vendég

gost

szoba

soba

hálózsák

vreća za spavanje

sátor

šator

turista információ

turističke informacije

strand

plaža

hitelkártya

kreditna kartica

reggeli

doručak

ebéd

ručak

vacsora

večera

jegy

karta za vožnju

lift

lift

bélyeg

poštanska markica

határ

granica

vám

carina

nagykövetség

ambasada

vízum

viza

útlevél

pasoš

közlekedés
transport

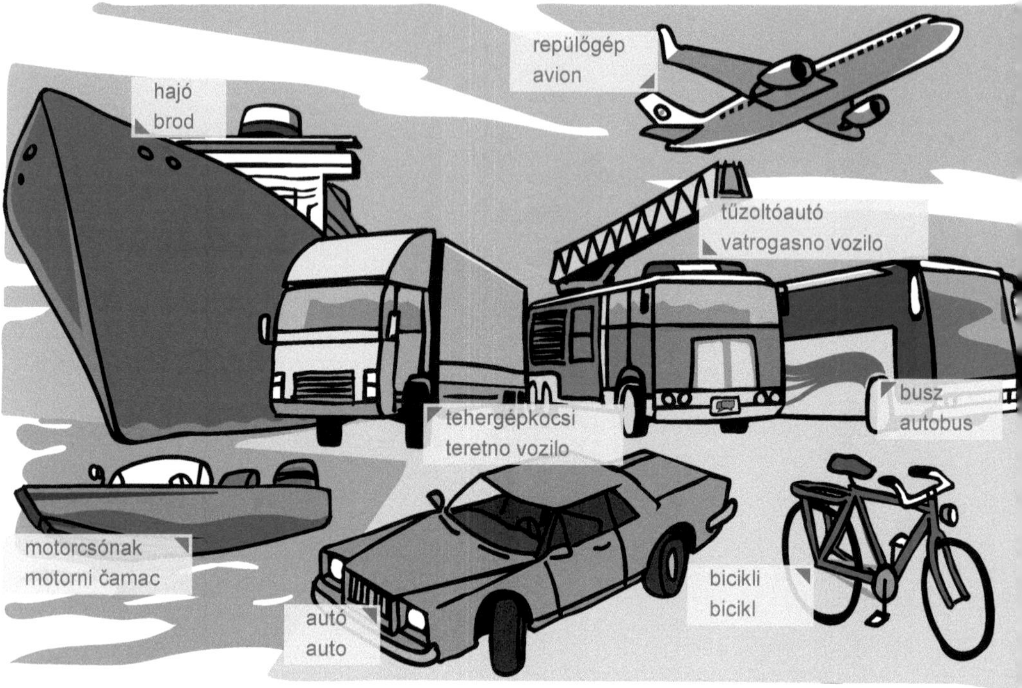

repülőgép
avion
hajó
brod
tűzoltóautó
vatrogasno vozilo
busz
autobus
tehergépkocsi
teretno vozilo
motorcsónak
motorni čamac
bicikli
bicikl
autó
auto

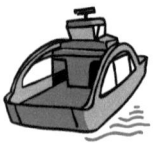

komp

trajekt

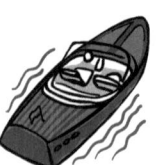

csónak

čamac

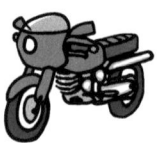

motorkerékpár

motocikl

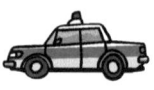

rendőrautó

policijski auto

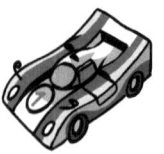

versenyautó

trkaći auto

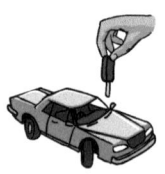

bérautó

iznajmljeno auto

telekocsi

delenje automobila

vontató

vučno vozilo

szemetes autó

vozilo za odvoz smeća

motor

motor

üzemanyag

benzin

benzinkút

benzinska stanica

közlekedési tábla

saobraćajni znak

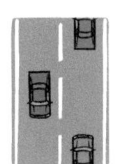

forgalom

saobraćaj

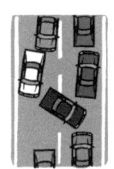

forgalmi dugó

zastoj

parkoló

parkiralište

vonatállomás

železnička stanica

sínek

šine

vonat

voz

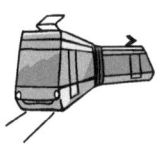

villamos

tramvaj

vagon

vagon

helikopter

helikopter

repülőtér

aerodrom

torony

kula

utas

putnik

konténer

kontejner

kartondoboz

karton

taliga

kolica

kosár

korpa

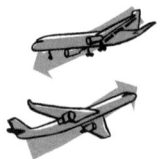

felszáll / leszáll

uzleteti / sleteti

város

grad

falu

selo

városközpont

centar grada

ház

kuća

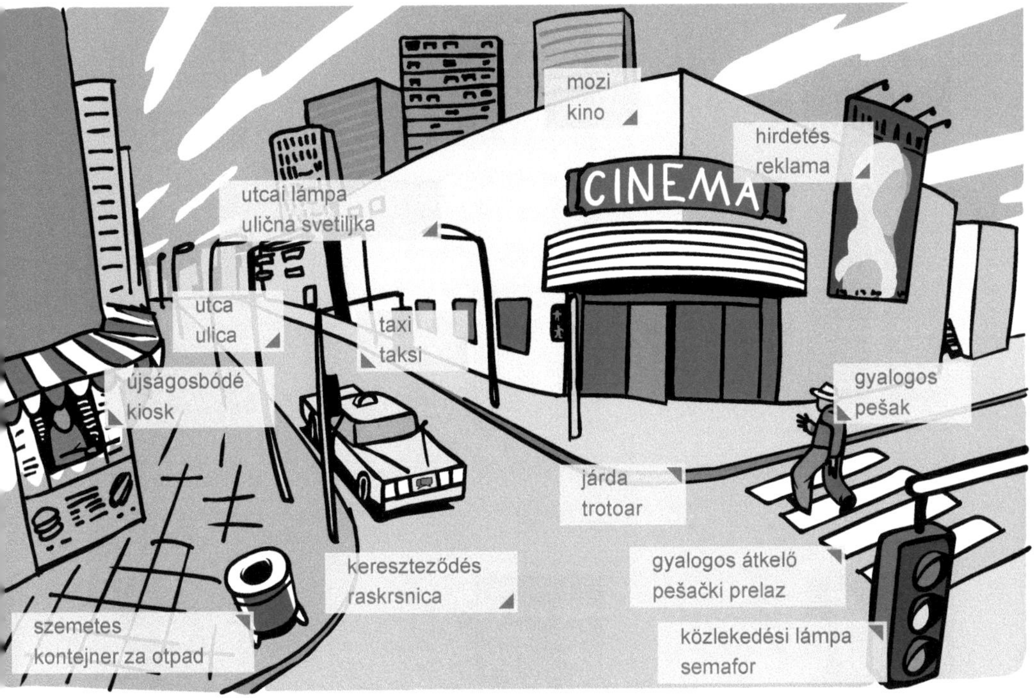

mozi
kino

hirdetés
reklama

utcai lámpa
ulična svetiljka

CINEMA

utca
ulica

taxi
taksi

gyalogos
pešak

újságosbódé
kiosk

járda
trotoar

kereszteződés
raskrsnica

gyalogos átkelő
pešački prelaz

szemetes
kontejner za otpad

közlekedési lámpa
semafor

kunyhó
koliba

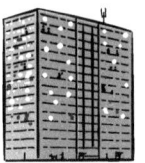

lakás
stan

vonatállomás
železnička stanica

városháza
većnica

múzeum
muzej

iskola
škola

egyetem
univerzitet

bank
banka

kórház
bolnica

hotel
hotel

gyógyszertár
apoteka

iroda
kancelarija

könyvesbolt
knjižara

üzlet
prodavnica

virágüzlet
cvećara

szupermarket
supermarket

piac
trg

áruház
robna kuća

halárus
ribarnica

bevásárló központ
trgovački centar

kikötő
luka

park

park

pad

klupa

híd

most

lépcső

stepenice

metró

podzemna železnica

alagút

tunel

buszmegálló

autobuska stanica

bár

bar

étterem

restoran

postaláda

poštansko sanduče

utcatábla

ulični znak

parkoló óra

parkirni automat

állatkert

zoološki vrt

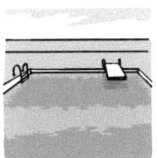

uszoda

bazen

mecset

džamija

gazdálkodás

seosko gazdinstvo

környezetszennyezés

zagađenje okoline

temető

groblje

templom

crkva

játszótér

igralište

szentély

hram

táj
pejsaž

levél
list

útjelző tábla
putokaz

út
put

rét
livada

kő
kamen

túrázó
šetač

fa
drvo

folyó
reka

fű
trava

virág
cvijet

völgy
dolina

domb
planina

tó
jezero

erdő
šuma

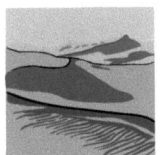

sivatag
pustinja

vulkán
vulkan

kastély
dvorac

szivárvány
duga

gomba
gljiva

pálmafa
palma

szúnyog
moskito

légy
muva

hangya
mrav

méhecske
pčela

pók
pauk

bogár
buba

béka
žaba

mókus
veverica

sündisznó
jež

nyúl
zec

bagoly
sova

madár
ptica

hattyú
labud

vaddisznó
divlja svinja

szarvas
jelen

rénszarvas
los

gát
nasip

szélturbina
vetrenjača

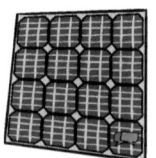

napelem
solarna ploča

éghajlat
klima

étterem
restoran

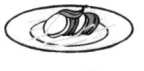

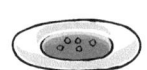

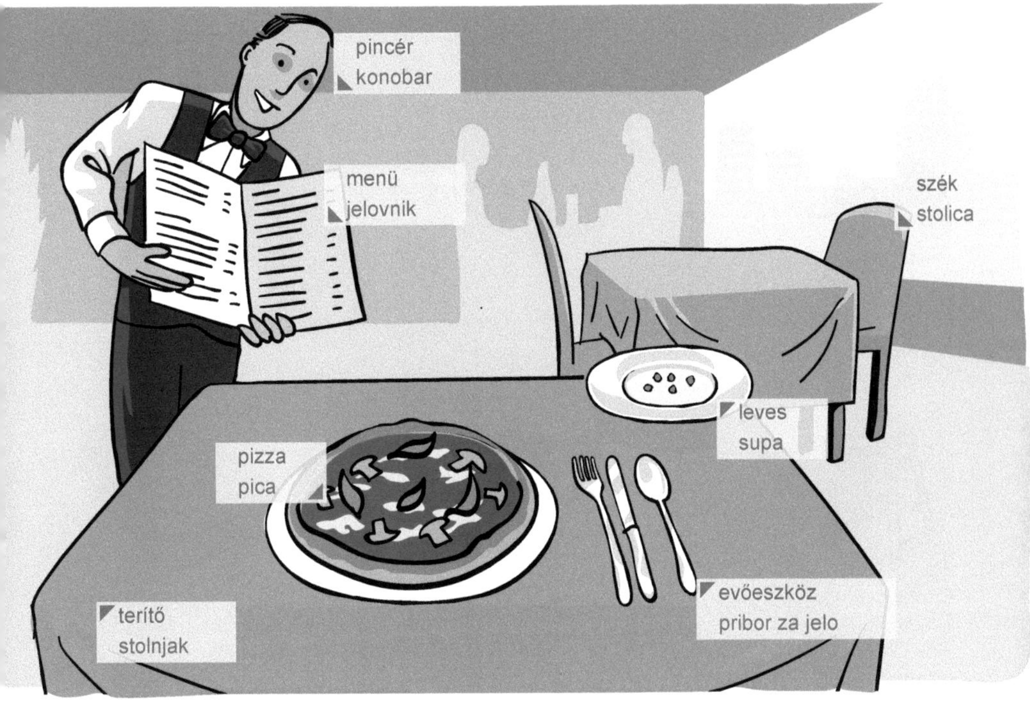
pincér
konobar
menü
jelovnik
szék
stolica
leves
supa
pizza
pica
evőeszköz
pribor za jelo
terítő
stolnjak

előétel

predjelo

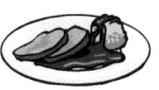

főétel

glavno jelo

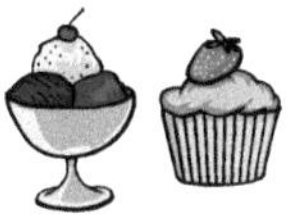

desszert

desert

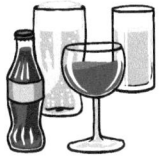

italok

napitci

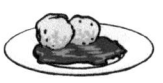

étel

jelo

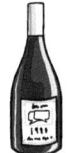

üveg

flaša

gyorsétel

brza hrana

gyorsétel

imbis hrana

teás kanna

čajnik

cukortartó

doza za šećer

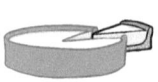

adag

porcija

eszpresszógép

aparat za espresso

bárszék

visoka stolica

számla

račun

tálca

poslužavnik

kés

nož

villa

viljuška

kanál

kašika

teáskanál

čajna kašika

szalvéta

salveta

pohár

čaša

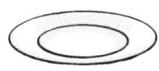

tányér
tanjir

leveses tányér
tanjir za supu

csészealj
tanjirić

szósz
sos

sószóró
soljenka

borsőrlő
mlin za biber

ecet
sirće

étkezési olaj
ulje

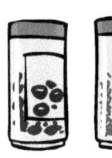

fűszerek
začini

ketchup
kečap

mustár
senf

majonéz
majoneza

szupermarket
supermarket

különleges ajánlat
ponuda
FOR
ügyfél
kupac
tejtermék
mlečni proizvodi
gyümölcsök
voće
bevásárló kocsi
kolica za kupovinu

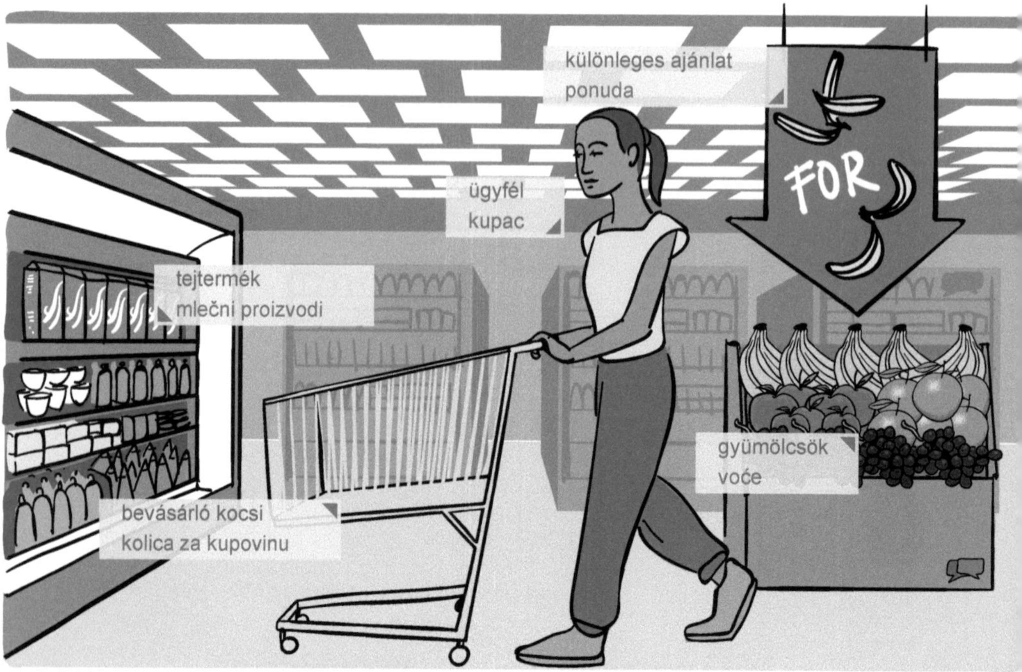

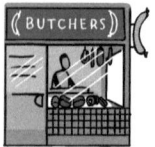

BUTCHERS

hentes

mesnica

BAKERY

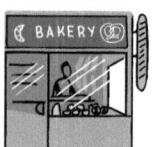

pékség

pekara

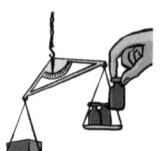

nyom valamennyit

vagati

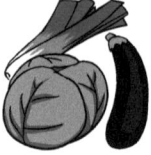

zöldség

povrće

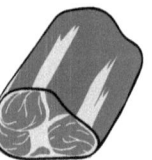

hús

meso

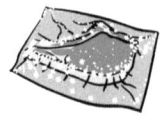

fagyasztott áru

smrznuta hrana

felvágott
narezak

konzerv
konzerve

mosópor
sredstvo za pranje

édességek
slatkiši

háztartási termék
artikli za domaćinstvo

tisztítószerek
sredstva za čišćenje

eladó
prodavačica

pénztárgép
blagajna

eladó
blagajnik

bevásárló lista
lista za kupovinu

nyitva tartás
vreme rada

levéltárca
novčanik

hitelkártya
kreditna kartica

zacskó
torba

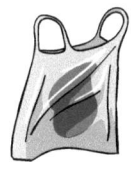

műanyag zacskó
plastična kesa

víz
voda

gyümölcslé
sok

tej
mleko

kóla
kola

bor
vino

sör
pivo

alkohol
alkohol

kakaó
kakao

tea
čaj

kávé
kava

eszpresszó
espresso

kapucsínó
cappuccino

banán

banana

alma

jabuka

narancs

narandža

sárgadinnye

lubenica

citrom

limun

sárgarépa

šargarepa

fokhagyma

beli luk

bambusz

bambus

hagyma

luk

gomba

gljiva

magvak

orašasti plodovi

nokedli

rezanci

spagetti

špagete

rizs

riža

saláta

salata

sült krumpli

pomfrit

sült burgonya

pečeni krumpir

pizza

pica

hamburger

hamburger

szendvics

sendvič

hússzelet

šnicla

sonka

šunka

szalámi

salama

kolbász

kobasica

csirke

kokoš

pecsenye

pečenje

hal

riba

zabkása

zobene pahuljice

müzli

musli

kukoricapehely

kukuruzne pahuljice

liszt

brašno

croissant

kroasan

zsemle

pecivo

kenyér

hleb

pirítós kenyér

toast

keksz

keksi

vaj

maslac

túró

sveži sir

sütemény

kolač

tojás

jaje

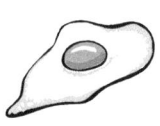

tükörtojás

jaje na oko

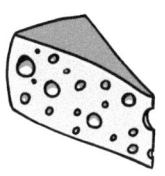

sajt

sir

étel - jelo

jégkrém

sladoled

cukor

šećer

méz

med

lekvár

marmelada

mogyorókrém

nugat krema

curry

kari

étel - jelo

gazdálkodás
seosko gazdinstvo

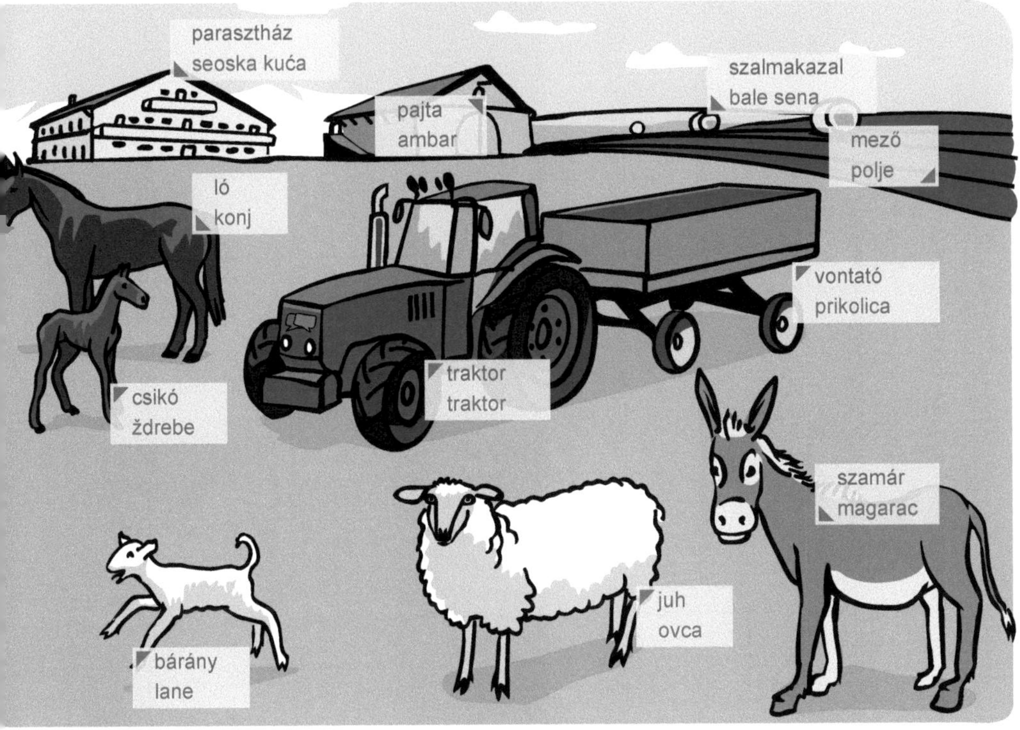
parasztház
seoska kuća
szalmakazal
bale sena
pajta
ambar
mező
polje
ló
konj
vontató
prikolica
traktor
traktor
csikó
ždrebe
szamár
magarac
juh
ovca
bárány
lane

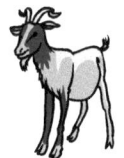

kecske
koza

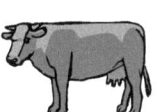

tehén
krava

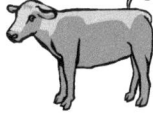

borjú
tele

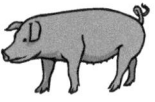

malac
svinja

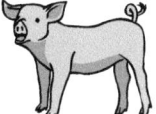

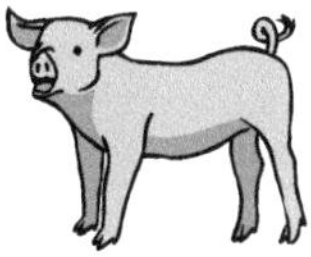

kismalac
prase

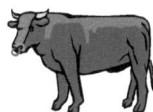

bika
bik

liba
guska

kacsa
patka

csibe
pilići

tojó
kokoš

kakas
petao

patkány
pacov

macska
mačka

egér
miš

ökör
vol

kutya
pas

kutyaház
kućica za psa

kerti öntözőcső
vrtno crevo

öntözőkanna
kanta za polivanje

kasza
kosa

eke
plug

sarló

srp

kapa

motika

vasvilla

viljuška za đubrivo

fejsze

sekira

talicska

tačke

teknő

korito

tejes kancsó

posuda za mleko

zsák

vreća

kerítés

ograda

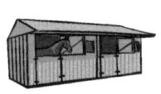

istálló

štala

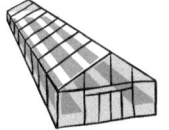

üvegház

staklenik

talaj

zemlja

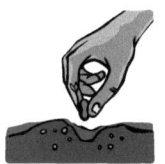

vetőmag

seme

trágya

đubrivo

cséplőgép

kombajn

szüretelni
....
žeti

betakarítás
....
žetva

yamgyökér
....
jams začin

búza
....
pšenica

szója
....
soja

burgonya
....
krumpir

kukorica
....
kukuruz

repcemag
....
uljana repica

gyümölcsfa
....
voćka

manióka
....
gomolj manioke

gabona
....
žitarice

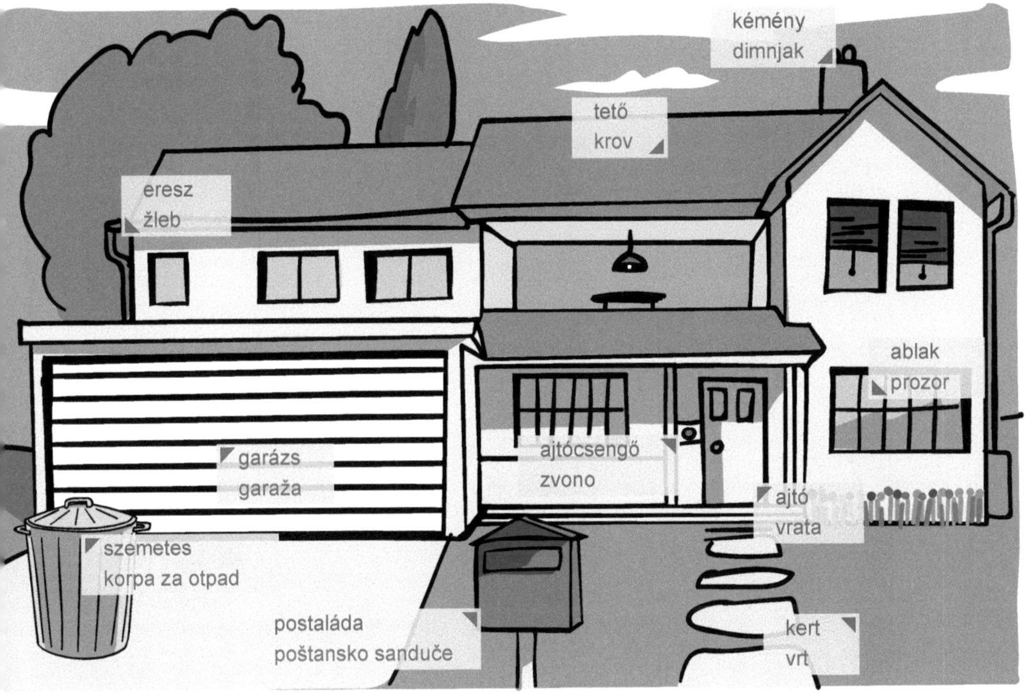

kémény
dimnjak

tető
krov

eresz
žleb

ablak
prozor

garázs
garaža

ajtócsengő
zvono

ajtó
vrata

szemetes
korpa za otpad

postaláda
poštansko sanduče

kert
vrt

nappali

dnevna soba

fürdőszoba

kupaonica

konyha

kuhinja

hálószoba

spavaća soba

gyerekszoba

dečija soba

ebédlő

trpezarija

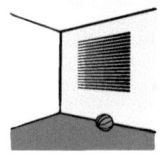

padló

pod

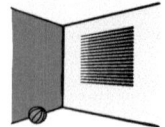

fal

zid

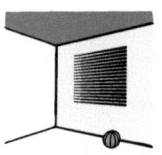

plafon

strop

pince

podrum

szauna

sauna

erkély

balkon

terasz

terasa

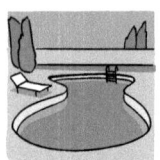

medence

bazen

fűnyíró

kosilica za travu

lepedő

posteljina za krevet

ágytakaró

deka za krevet

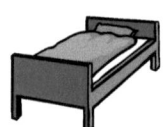

ágy

krevet

seprű

metla

vödör

kanta

kapcsoló

prekidač

nappali
dnevna soba

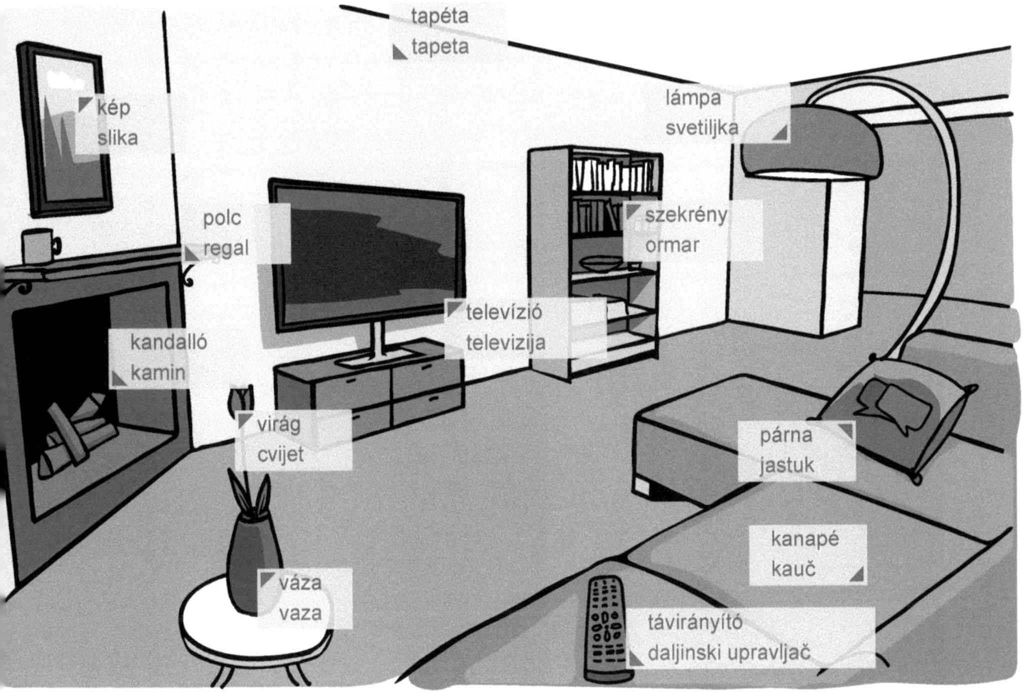
tapéta
tapeta
kép
slika
lámpa
svetiljka
polc
regal
szekrény
ormar
televízió
televizija
kandalló
kamin
virág
cvijet
párna
jastuk
kanapé
kauč
váza
vaza
távirányító
daljinski upravljač

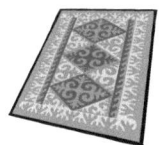

szőnyeg

tepih

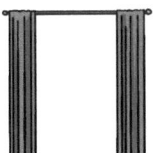

függöny

zavesa

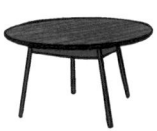

asztal

sto

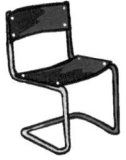

szék

stolica

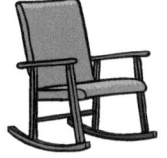

hintaszék

stolica za njihanje

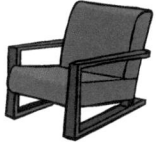

karosszék

fotelja

könyv
knjiga

takaró
deka

dekoráció
dekoracija

tűzifa
drvo za ogrev

film
film

hifi
hi-fi uređaj

kulcs
ključ

újság
novine

festmény
slika na platnu

poszter
poster

rádió
radio

jegyzetfüzet
blok za pisanje

porszívó
usisivač

kaktusz
kaktus

gyertya
sveća

konyha
kuhinja

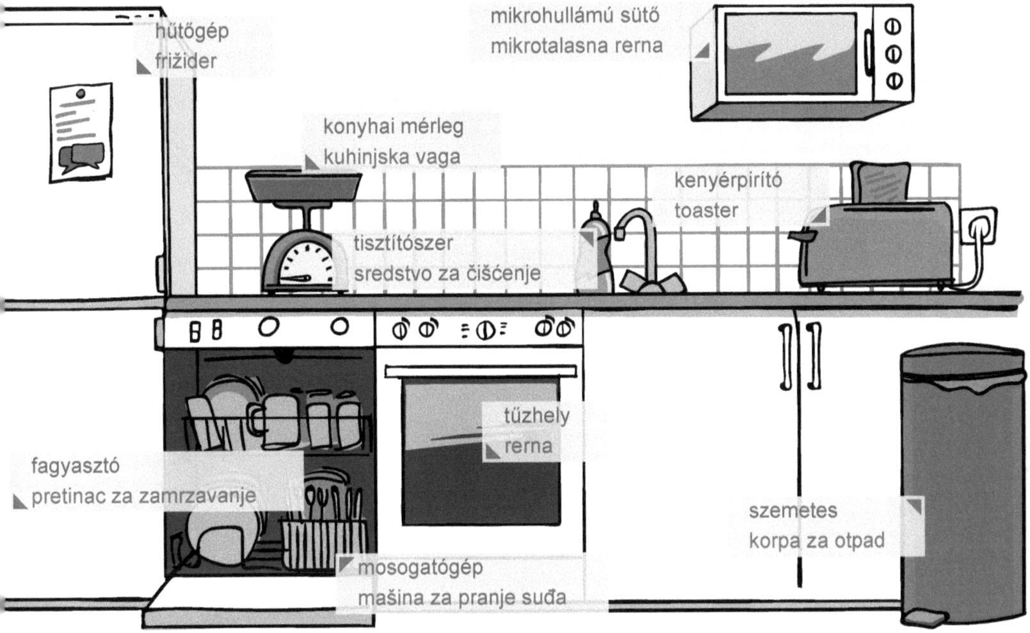

hűtőgép
frižider
mikrohullámú sütő
mikrotalasna rerna
konyhai mérleg
kuhinjska vaga
kenyérpirító
toaster
tisztítószer
sredstvo za čišćenje
tűzhely
rerna
fagyasztó
pretinac za zamrzavanje
szemetes
korpa za otpad
mosogatógép
mašina za pranje suđa

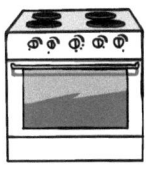

tűzhely
....
šporet

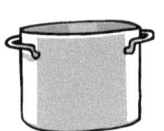

edény
....
lonac

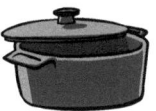

vasfazék
....
gvozdeni lonac

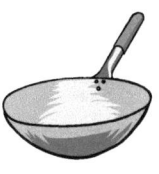

wok / kadai
....
wok / kadai

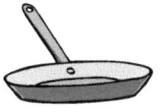

serpenyő
....
tava

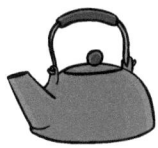

vízforraló
....
kuvalo za vodu

pároló

kuvalo na paru

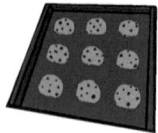

tepsi

lim za pečenje

étkészlet

posuđe

bögre

čaša

tálka

posuda

evőpálcika

štapići za jelo

merőkanál

kutlača

keverőlapátka

lopatica

habverő

penjača

szűrő

sito za kuvanje

szita

sito

reszelő

ribež

mozsár

mužar

grillsütő

roštilj

kandalló

ognjište

vágódeszka
daska

sodrófa
oklagija

dugóhúzó
vadičep

doboz
konzerva

konzervnyitó
otvarač konzervi

edényfogó
krpa za lonac

mosogató
sudoper

kefe
četka

szivacs
sunđer

turmixgép
mikser

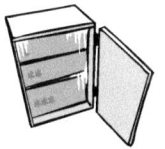

mélyhütö
zamrzivač

cumisüveg
flašica za bebe

csap
slavina za vodu

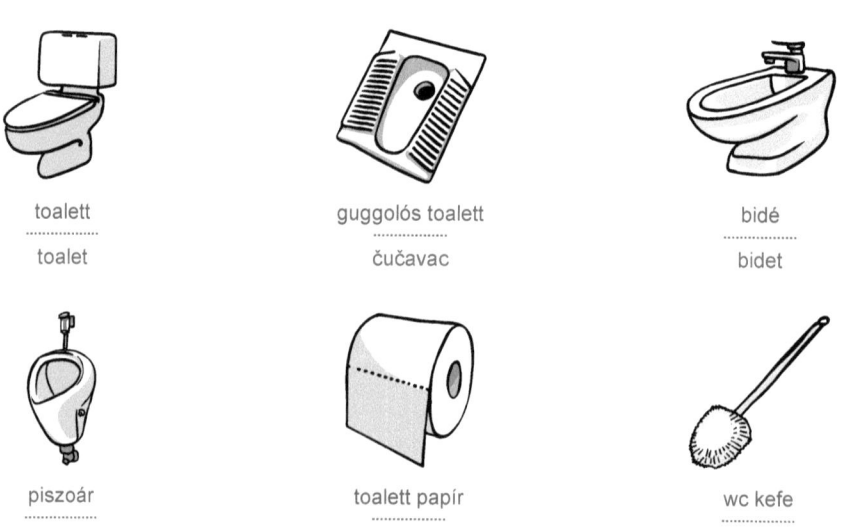

fürdőszoba
kupaonica

fűtés
grejanje
törölköző
peškir
zuhany
tuš
zuhanyfüggöny
zavesa za tuš
habfürdő
penušava kupka
kád
kada
pohár
čaša
mosógép
mašina za pranje veša
csap
slavina za vodu
csempe
pločice
bili
tuta
mosogató
sudoper

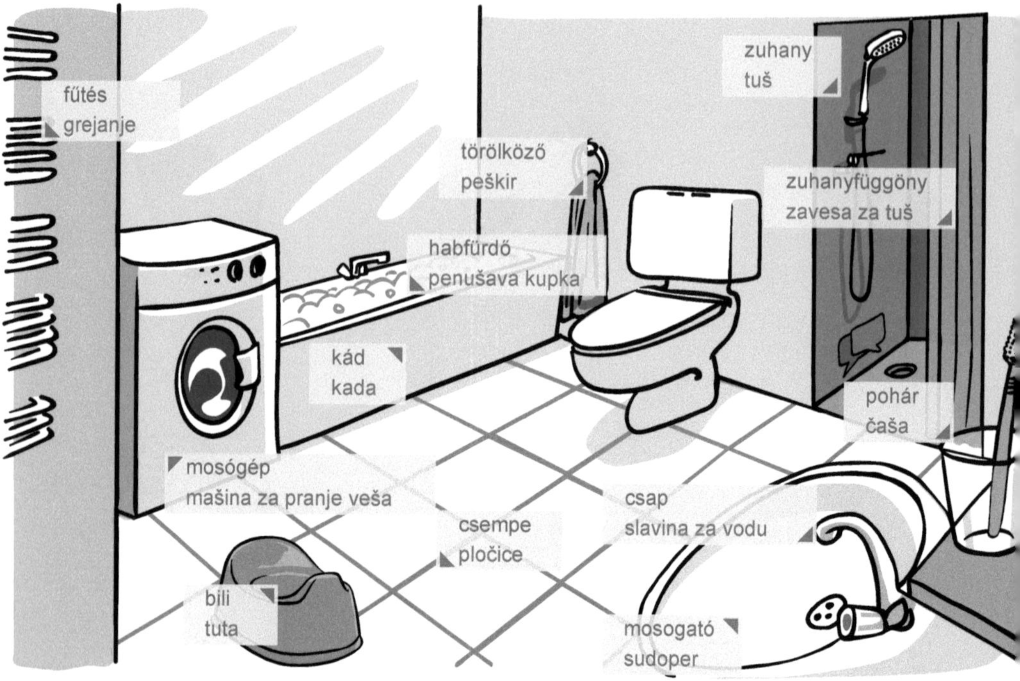

toalett

toalet

guggolós toalett

čučavac

bidé

bidet

piszoár

pisoar

toalett papír

toaletni papir

wc kefe

četka za toalet

fogkefe

četkica za zube

fogkrém

pasta za zube

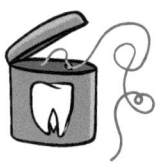

fogselyem

konac za zube

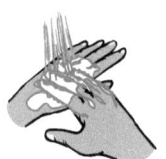

mosni

prati

kézi zuhany

tuš ručica

intimzuhany

tuš za pranje intimnih
delova

mosdótál

lavor

hátmosó kefe

četka za pranje leđa

szappan

sapun

tusfürdő

gel za tuširanje

sampon

šampon

mosdókesztyű

krpa za pranje

lefolyó

odvod

krém

krema

dezodor

dezodorans

tükör

ogledalo

kézitükör

kozmetičko ogledalo

borotva

brijač

borotvahab

pena za brijanje

borotválkozás utáni
arcszesz

losion za posle brijanja

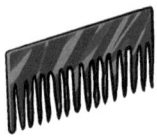

fésű

češalj

hajkefe

četka

hajszárító

fen za kosu

hajlakk

sprej za kosu

smink

makeup

ajakrúzs

ruž za usne

körömlakk

lak za nokte

vatta

vata

körömvágó olló

makaze za nokte

parfüm

parfem

neszesszer

kozmetička torbica

sámli

stolica

mérleg

vaga

köntös

ogrtač

gumikesztyű

rukavice za čišćenje

tampon

tampon

egészségügyi betét

uložak

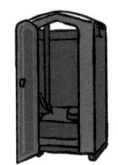

vegyi WC

hemijski toalet

gyerekszoba
dečija soba

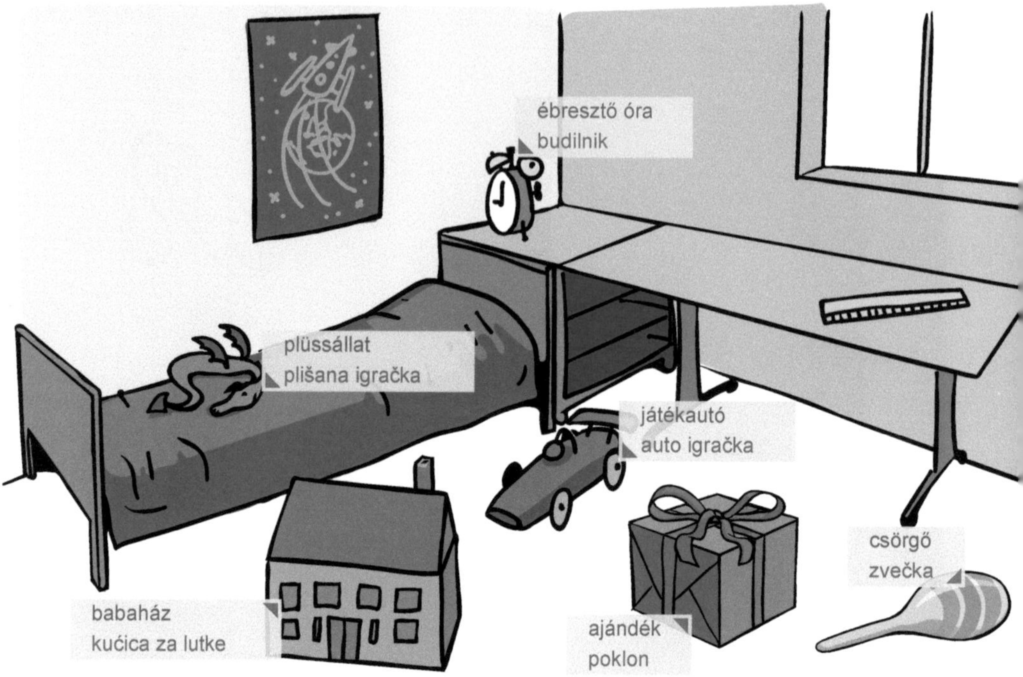

ébresztő óra
budilnik
plüssállat
plišana igračka
játékautó
auto igračka
csörgő
zvečka
babaház
kućica za lutke
ajándék
poklon

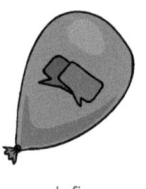

lufi
....
balon

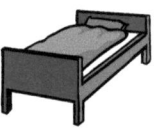

ágy
....
krevet

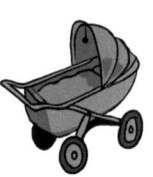

babakocsi
....
dječija kolica

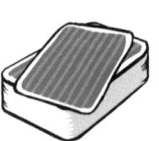

kártyapakli
....
igra s kartama

kirakós játék
....
slagalica

SUPER
MEGA

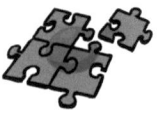

képregény
....
strip

építőkockák

lego kockice

építőelem

kockice za slaganje

szuperhős

akcioni junak

rugdalózó

benkica za bebe

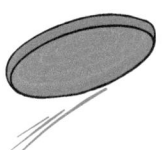

frizbi

frizbi

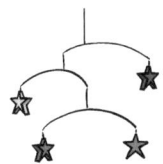

zenélő forgó

viseće igračke

társasjáték

društvene igre

kocka

kocka

modellvasút

minijaturna željeznica

cumi

duda

zsúr

zabava

képeskönyv

slikovnica

labda

lopta

baba

lutka

játszani

igrati

homokozó
pješčanik

hinta
ljuljačka

játékok
igračka

videójáték konzol
konzola za igre

tricikli
tricikl

teddi maci
tedi

ruhásszekrény
ormar

ruházat
odeća

zokni
kratke čarape

harisnya
čarape

harisnyanadrág
hulahopke

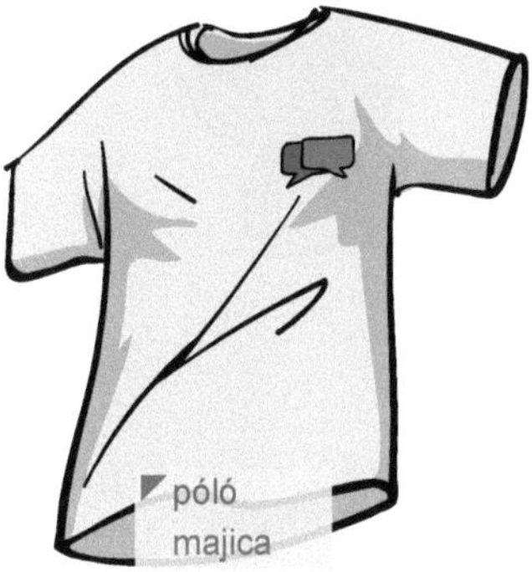

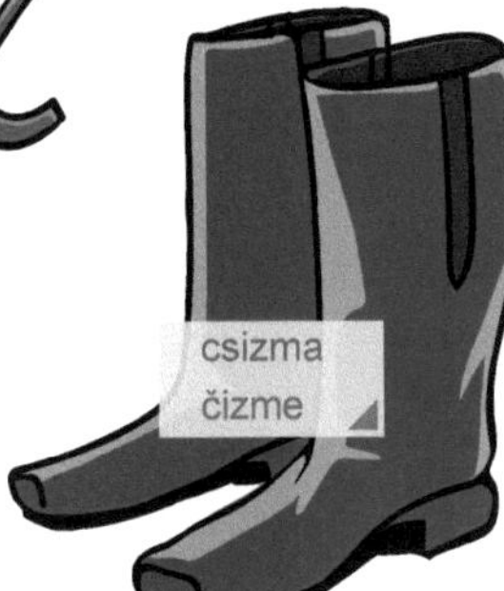

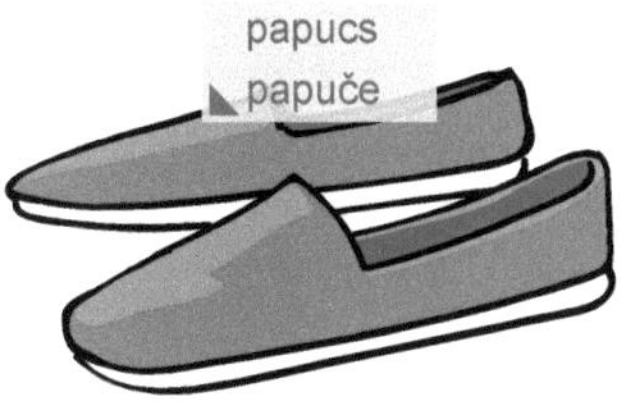

sál
šal

öv
kaiš

esernyő
kišobran

póló
majica

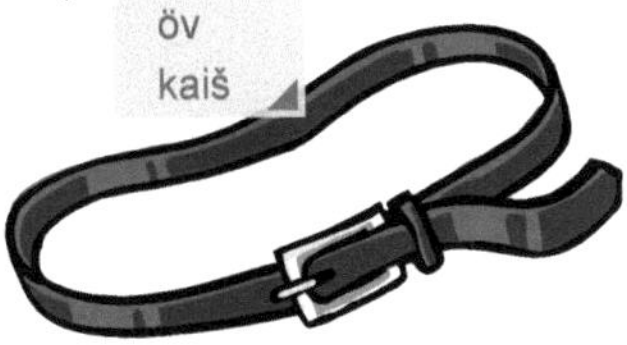

csizma
čizme

papucs
papuče

tornacipő
patike

szandál
....
sandale

cipő
....
cipele

gumicsizma
....
gumene čizme

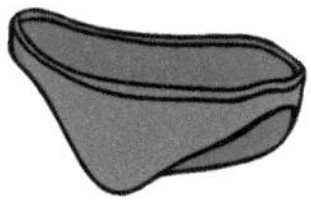

alsónadrág
....
gaćice

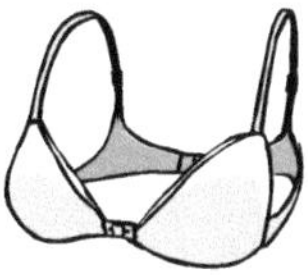

melltartó
....
grudnjak

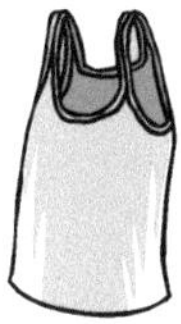

mellény
....
potkošulja

body
bodi

nadrág
pantalone

farmer
farmerke

szoknya
suknja

blúz
bluza

ing
košulja

pulóver
džemper

kapucnis pulóver
džemper s kapuljačom

blézer
sako

dzseki
jakna

kabát
kaput

esőkabát
kabanica

kosztüm
kostim

ruha
haljina

esküvői ruha
venčanica

öltöny
odelo

hálóing
spavaćica

pizsama
pidžama

szári
sari

fejkendő
marama za glavu

turbán
turban

burka
burka

kaftán
kaftan

abaya
abaja

fürdőruha
kupaći kostim

fürdőnadrág
kupaće gaćice

rövidnadrág
kratke pantalone

tréningruha
odeća za trening

kötény
kecelja

kesztyű
rukavice

gomb
dugme

szemüveg
naočare

karkötő
narukvica

nyaklánc
ogrlica

gyűrű
prsten

fülbevaló
naušnica

sapka
kapa

vállfa
vešalica

kalap
šešir

nyakkendő
kravata

cipzár
patent zatvarač

bukósisak
kaciga

nadrágtartó
naramenice

iskolai egyenruha
školska uniforma

egyenruha
uniforma

elöke
....
podbradak

cumi
....
duda

pelenka
....
pelena

iroda
kancelarija

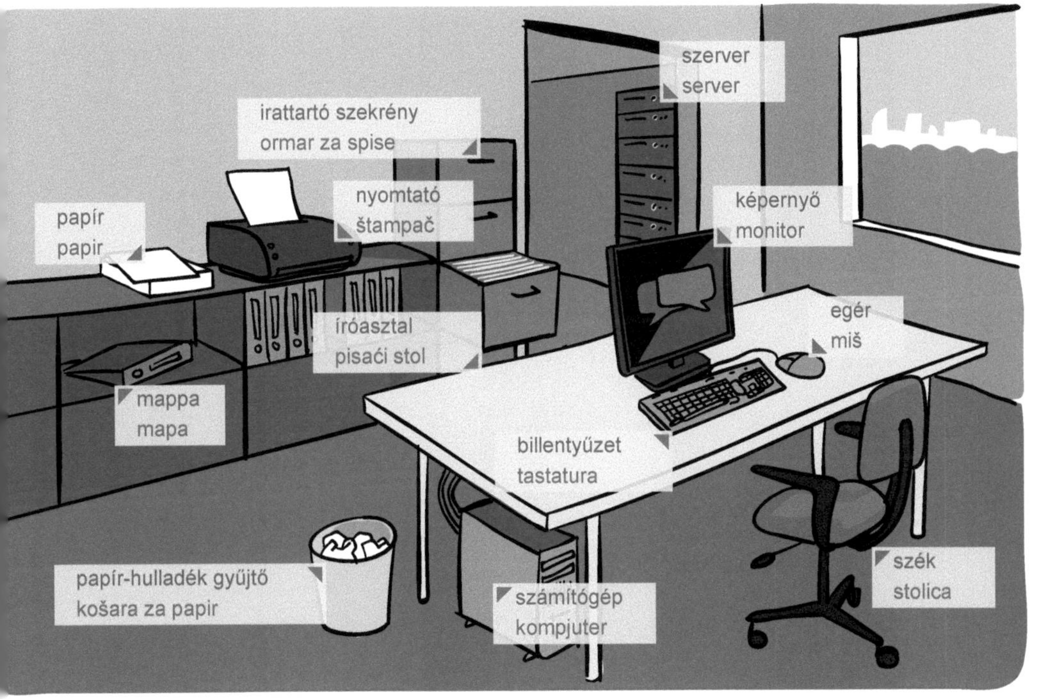

szerver
server

irattartó szekrény
ormar za spise

nyomtató
štampač

képernyő
monitor

papír
papir

egér
miš

íróasztal
pisaći stol

mappa
mapa

billentyűzet
tastatura

szék
stolica

papír-hulladék gyűjtő
košara za papir

számítógép
kompjuter

kávéscsésze
....
šalica za kavu

számológép
....
kalkulator

internet
....
internet

laptop
laptop

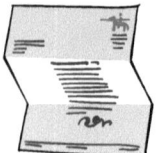

levél
pismo

üzenet
poruka

mobiltelefon
mobilni telefon

hálózat
mreža

fénymásoló
uređaj za kopiranje

szoftver
softver

telefon
telefon

konnektor
utičnica

faxgép
faks

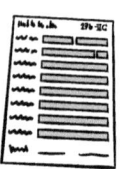

formanyomtatvány
formular

dokumentum
dokument

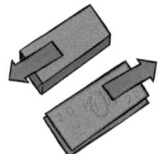

venni
....
kupovati

fizetni
....
platiti

kereskedni
....
trgovati

pénz
....
novac

USD

dollár
....
dolar

EUR

euró
....
evro

JPY

jen
....
jen

RUB

rubel
....
rublja

CHF

svájci frank
....
švajcarski franak

CNY

kínai jüan
....
renmindbi juan

INR

rúpia
....
rupija

bankautomata
....
automat za novac

valutaváltó iroda

menjačnica

arany

zlato

ezüst

srebro

olaj

nafta

energia

energija

ár

cena

szerződés

ugovor

adó

porez

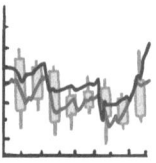

részvény

deonica

dolgozni

raditi

munkavállaló

službenik

munkaadó

poslodavac

gyár

fabrika

üzlet

prodavnica

gazdaság - ekonomija

foglalkozások
zanimanja

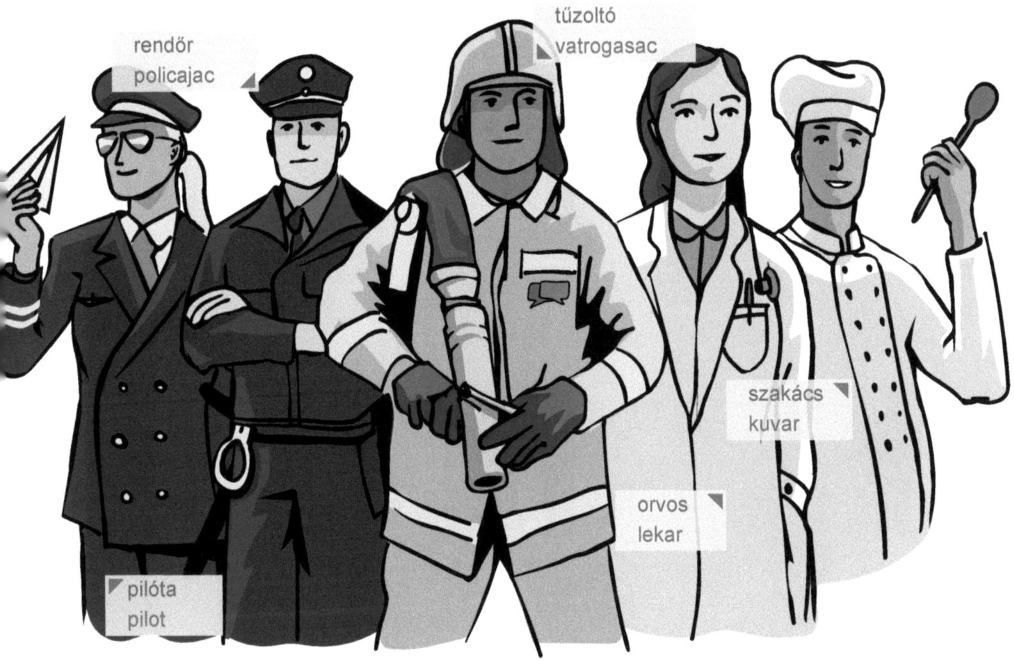
rendőr
policajac
tűzoltó
vatrogasac
szakács
kuvar
orvos
lekar
pilóta
pilot

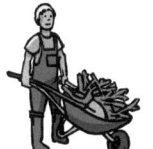

kertész

vrtlar

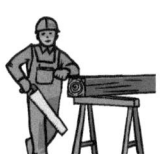

kárpitos

stolar

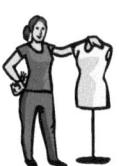

varrónő

krojačica

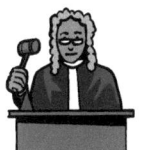

bíró

sudija

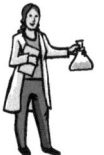

vegyész

hemičar

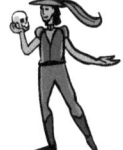

színész

glumac

buszsofőr

vozač autobusa

taxisofőr

vozač taksija

halász

ribar

bejárónő

čistačica

tetőfedő

krovopokrivač

pincér

konobar

vadász

lovac

festő

slikar

pék

pekar

villanyszerelő

električar

építőmunkás

građevinski radnik

mérnök

inženjer

hentes

mesar

vízvezeték-szerelő

limar

postás

poštar

katona

vojnik

építész

arhitekta

eladó

blagajnik

virágos

cvećar

fodrász

frizer

kalauz

kondukter

műszerész

mehaničar

kapitány

kapetan

fogorvos

zubar

tudós

naučnik

rabbi

rabi

imám

imam

szerzetes

monah

lelkész

svećenik

szerszámok
alati

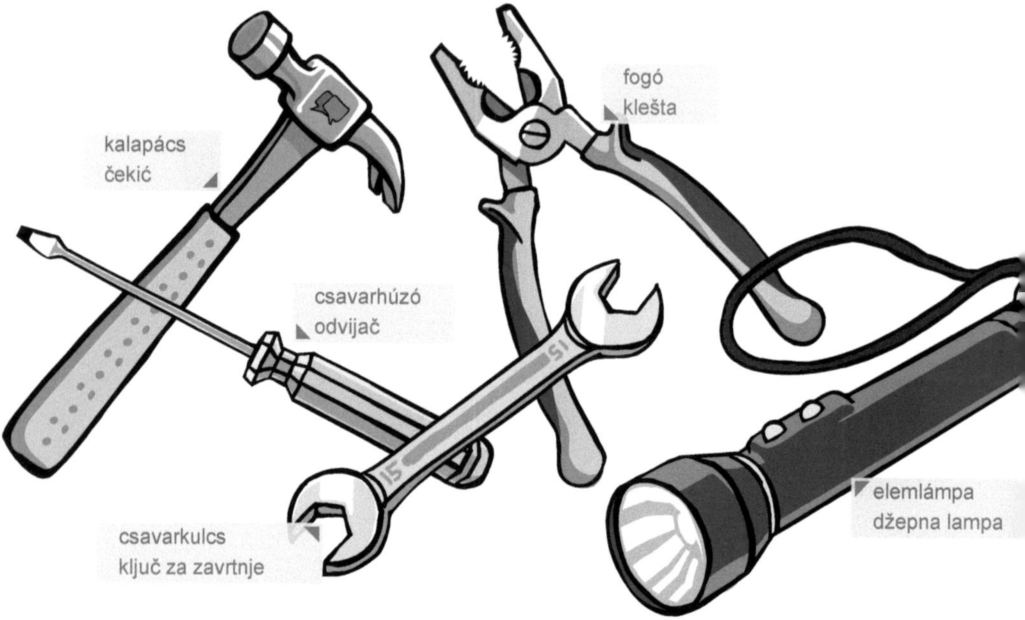
kalapács
čekić
fogó
klešta
csavarhúzó
odvijač
csavarkulcs
ključ za zavrtnje
elemlámpa
džepna lampa

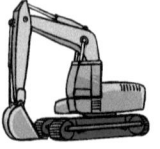

markológép

bager

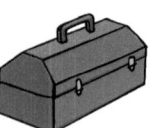

szerszámosláda

kutija za alat

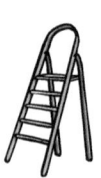

vödör

merdevine

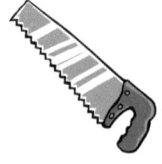

fűrész

pila

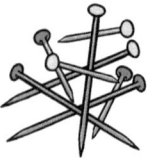

szög

ekser

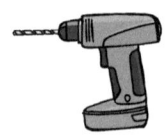

fúrógép

bušilica

megjavítani

popraviti

lapát

lopata

A francba!

do đavola!

szemétlapát

lopatica

festékesdoboz

lonac za boju

csavar

zavrtanji

hangszerek
muzički instrument

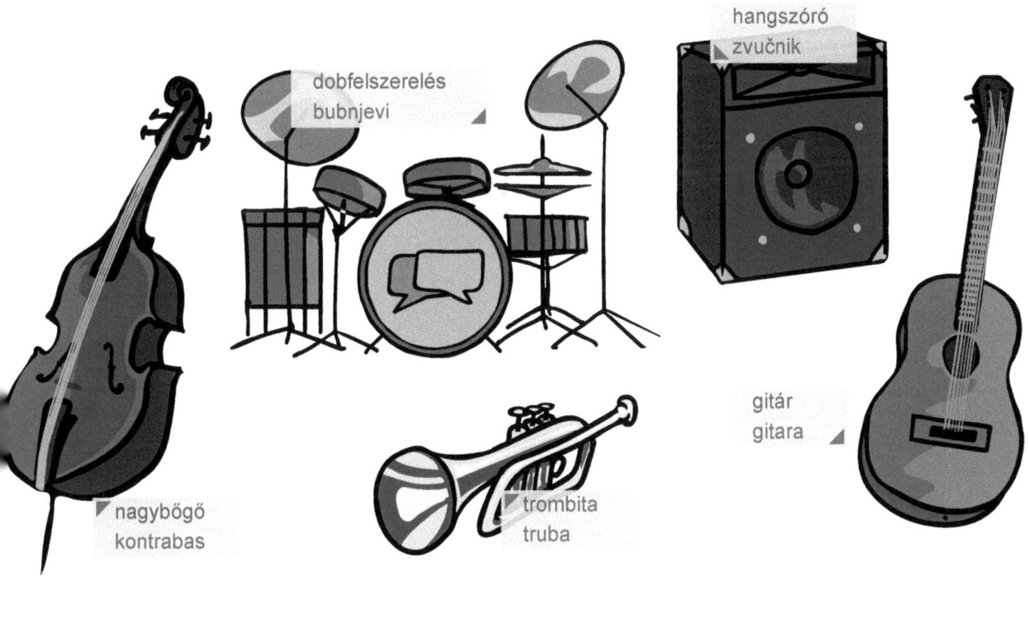

hangszóró
zvučnik

dobfelszerelés
bubnjevi

gitár
gitara

nagybőgő
kontrabas

trombita
truba

zongora
klavir

hegedű
violina

basszusgitár
bas

üstdob
timpani

dobok
udaraljke za bubnjeve

digitális zongora
tipke klavira

szaxofon
saksofon

fuvola
flauta

mikrofon
mikrofon

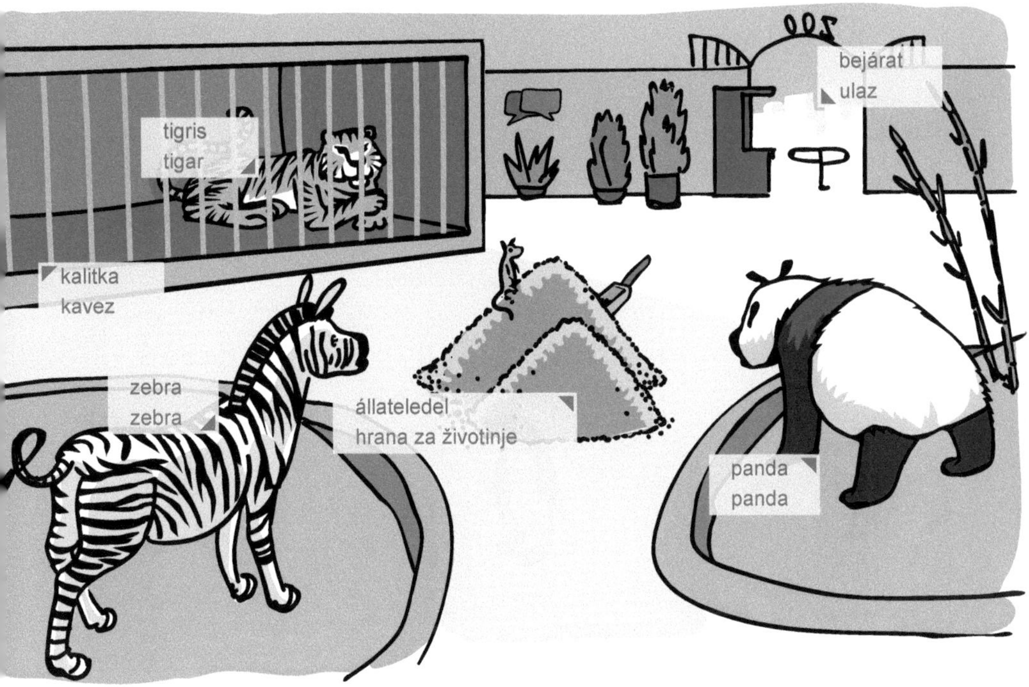

tigris
tigar

bejárat
ulaz

kalitka
kavez

zebra
zebra

állateledel
hrana za životinje

panda
panda

állatok

životinje

elefánt

slon

kenguru

kengur

orrszarvú

nosorog

gorilla

gorila

medve

medved

teve
kamila

strucc
noj

oroszlán
lav

majom
majmun

flamingó
flamingo

papagáj
papagaj

jegesmedve
polarni medved

pingvin
pingvin

cápa
ajkula

páva
paun

kígyó
zmija

krokodil
krokodil

állatgondozó
čuvar u zoološkom vrtu

fóka
tuljan

jaguár
jaguar

póniló

poni

leopárd

leopard

víziló

nilski konj

zsiráf

žirafa

sas

orao

vaddisznó

divlja svinja

hal

riba

teknős

kornjača

rozmár

morž

róka

lisica

gazella

gazela

amerikai futball
američki nogomet

kerékpározás
biciklizam

tenisz
tenis

kosárlabda
košarka

úszás
plivanje

boksz
boks

jégkorong
hokej na ledu

futball
fudbal

tollas
badminton

atlétika
atletika

kézilabda
rukomet

síelés
skijanje

lovaspóló
polo

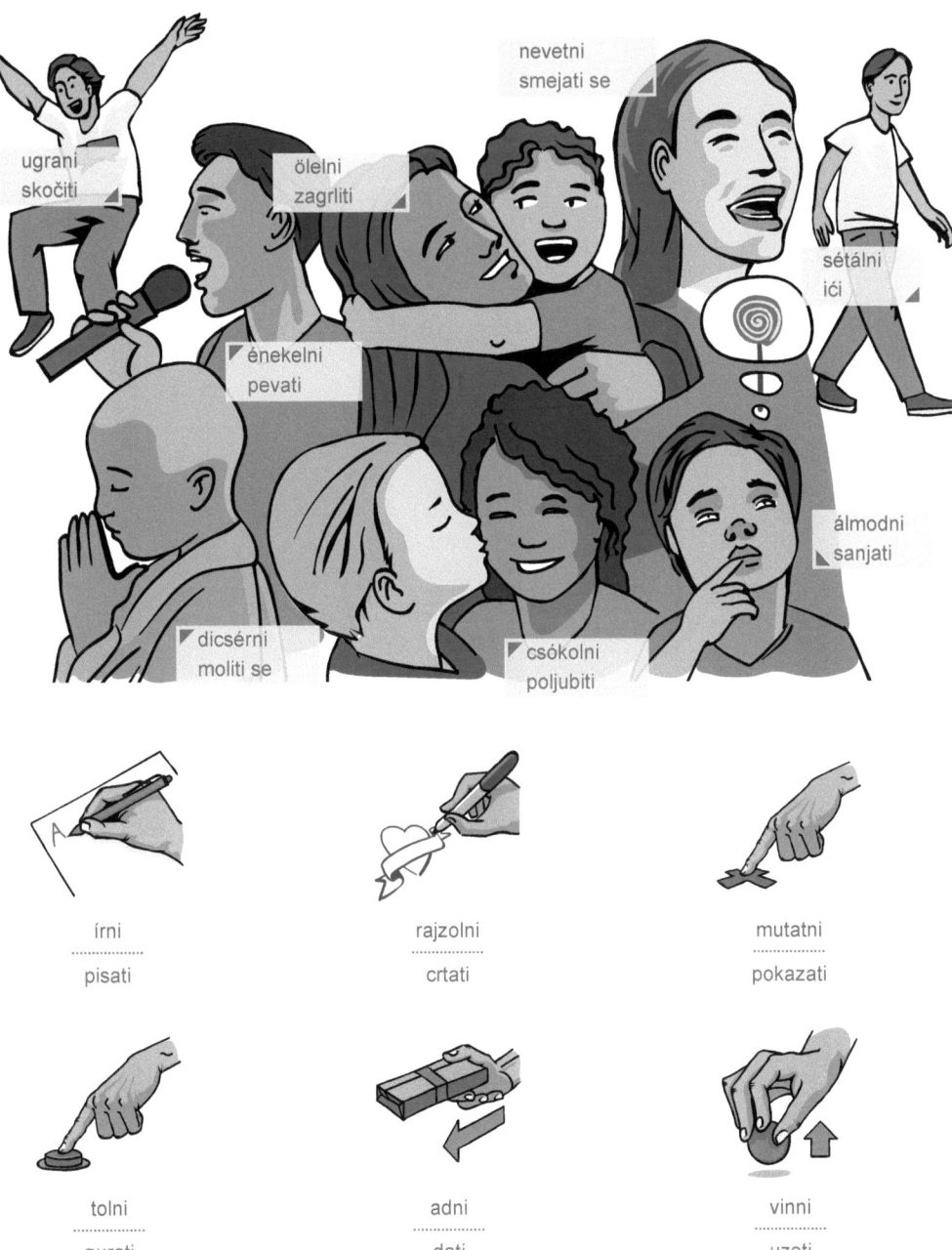

ugrani
skočiti

ölelni
zagrliti

nevetni
smejati se

sétálni
ići

énekelni
pevati

álmodni
sanjati

dicsérni
moliti se

csókolni
poljubiti

írni
pisati

rajzolni
crtati

mutatni
pokazati

tolni
gurati

adni
dati

vinni
uzeti

birtokolni
imati

csinálni
činiti

lenni
biti

állni
stojati

futni
trčati

húzni
povlačiti

hajít
baciti

esni
padati

hazudni
ležati

várni
čekati

vinni
nositi

ülni
sediti

felvenni
oblačiti

aludni
spavati

felébredni
probuditi se

ránézni
gledati

sírni
plakati

simogat
milovati

fésülni
češljati

beszélni
govoriti

megérteni
razumeti

kérdezni
pitati

hallgatni
slušati

inni
piti

enni
jesti

takarítani
pospremiti

szeretni
voleti

főzni
kuhati

vezetni
voziti

szállni
leteti

tevékenységek - aktivnosti

vitorlázni

ploviti

számol

računati

olvasni

čitati

tanulni

učiti

dolgozni

raditi

házasodni

venčati se

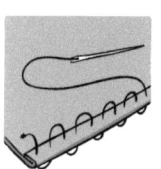

varrni

šiti

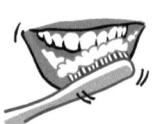

fogat mosni

prati zube

ölni

ubiti

dohányozni

pušiti

küldeni

poslati

család
porodica

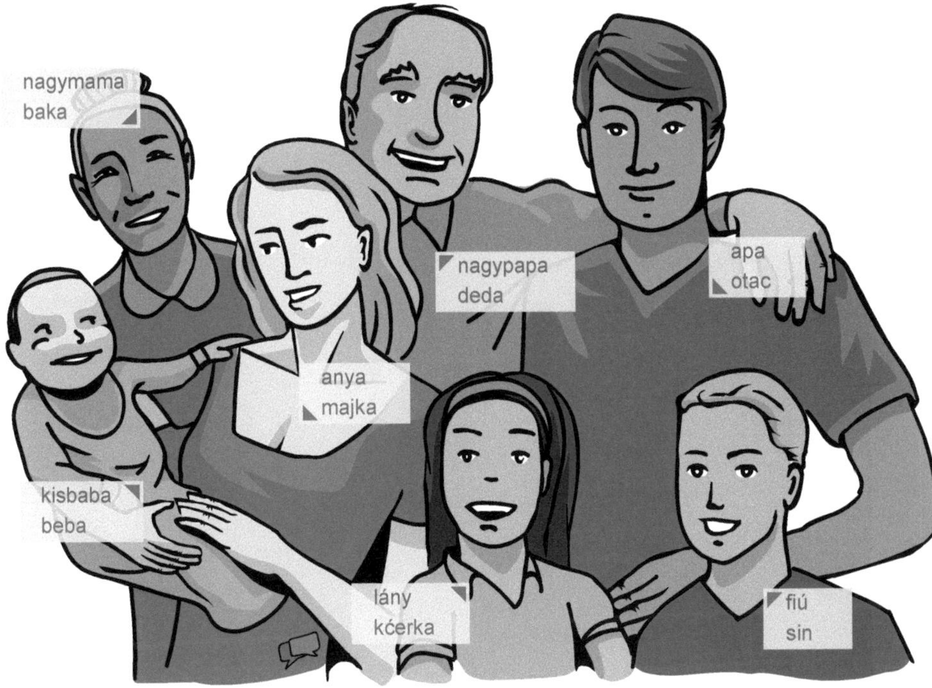
nagymama
baka
nagypapa
deda
apa
otac
anya
majka
kisbaba
beba
lány
kćerka
fiú
sin

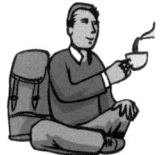

vendég

gost

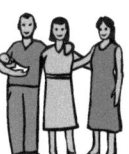

nagynéni

tetka

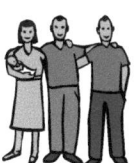

nagybácsi

ujak, stric

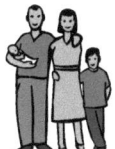

fiútestvér

brat

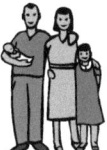

lánytestvér

sestra

test
telo

homlok
čelo
szem
oko
váll
rame
ujj
prst
arc
lice
áll
brada
kéz
ruka
láb
noga
mell
grudi
kar
ruka

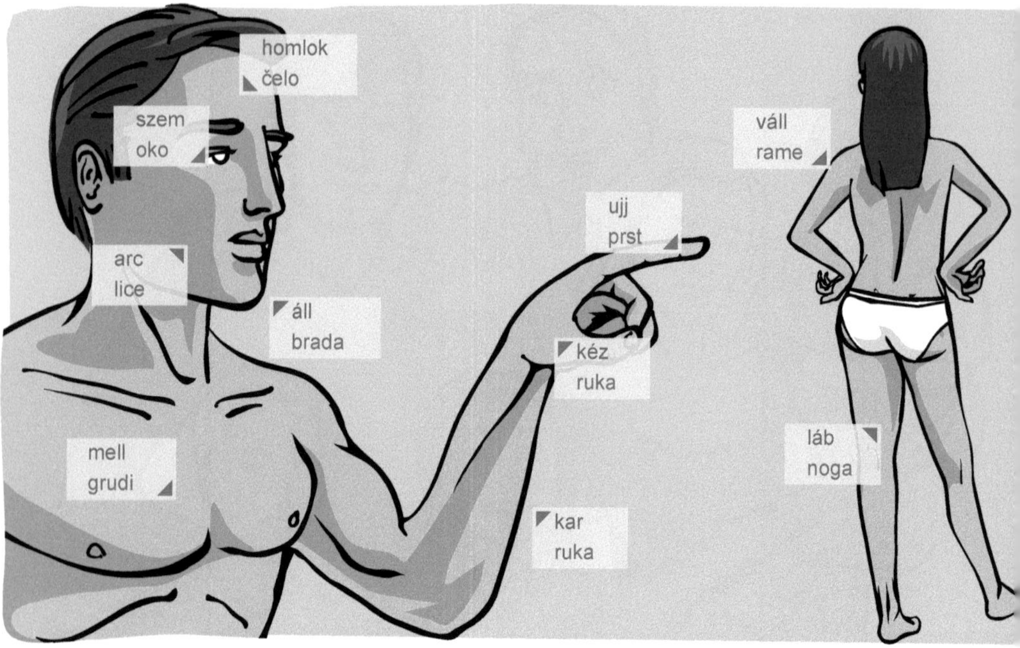

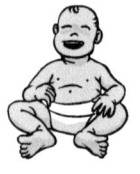

kisbaba
beba

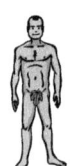

ember
muškarac

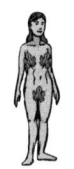

nő
žena

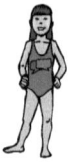

lány
devojčica

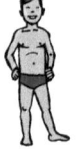

fiú
dečak

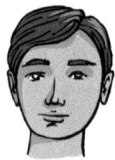

fej
glava

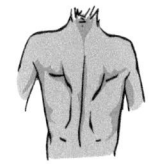

hát

leđa

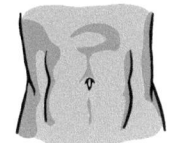

has

stomak

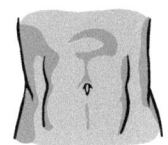

köldök

pupak

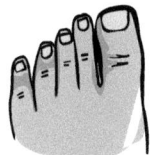

lábujj

nožni prst

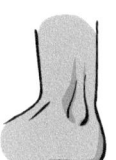

sarok

peta

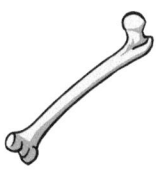

csont

kost

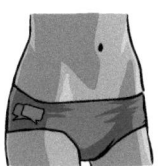

csípő

kukovi

térd

koleno

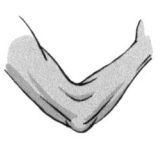

könyök

lakat

orr

nos

fenék

zadnjica

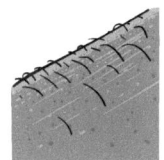

bőr

koža

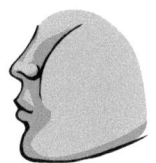

orca

obraz

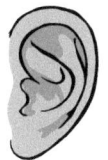

fül

uvo

ajak

usna

száj

usta

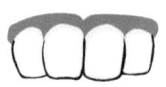

fog

zub

nyelv

jezik

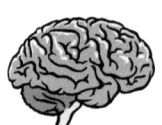

agy

mozak

szív

srce

izom

mišić

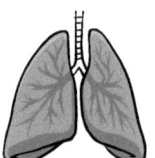

tüdő

pluća

máj

jetra

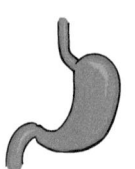

gyomor

želudac

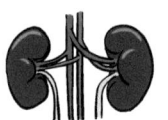

vese

bubrezi

szex

polni odnos

kondom

kondom

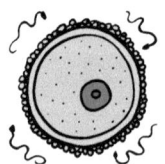

petesejt

jajna ćelija

sperma

sperma

terhesség

trudnoća

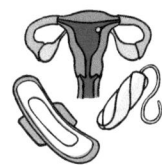

menstruáció

menstruacija

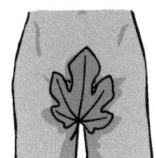

vagina

vagina

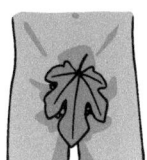

pénisz

penis

szemöldök

obrva

haj

kosa

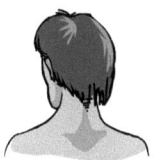

nyak

vrat

kórház
bolnica

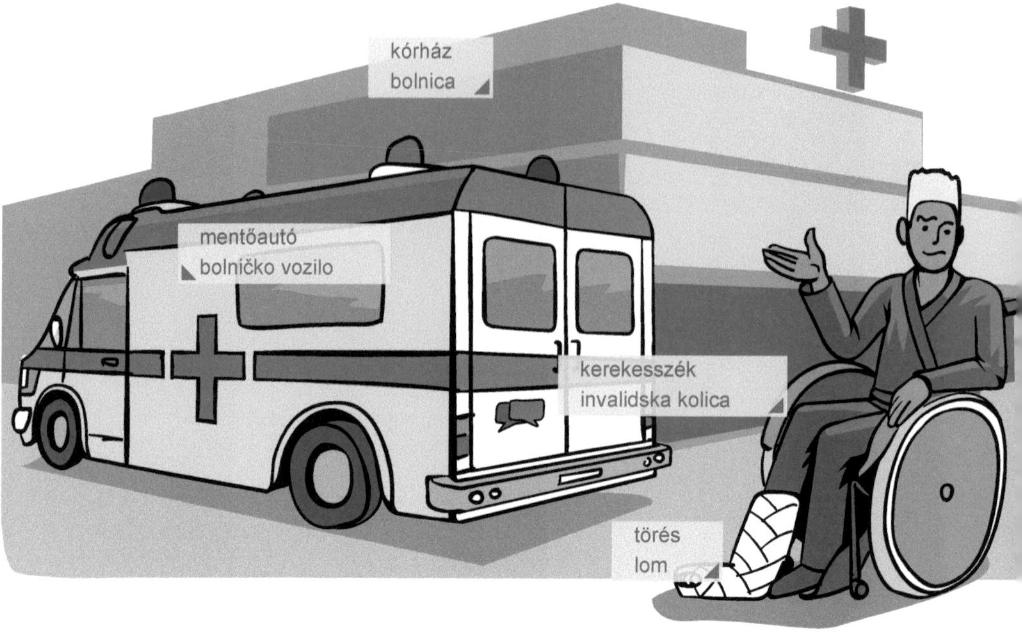

kórház
bolnica
mentőautó
bolničko vozilo
kerekesszék
invalidska kolica
törés
lom

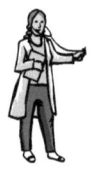

orvos
lekar

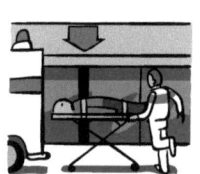

sürgősségi osztály
hitna medicinska služba

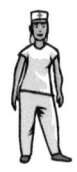

ápoló
medicinska sestra

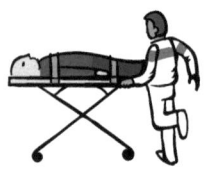

vészhelyzet
hitni slučaj

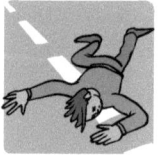

eszméletlen
nesvest

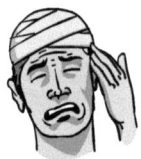

fájdalom
bol

sérülés

povreda

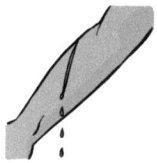

vérzés

krvarenje

szívroham

srčani udar

szélütés

udar

allergia

alergija

köhögés

kašalj

láz

groznica

influenza

gripa

hasmenés

proliv

fejfájás

glavobolja

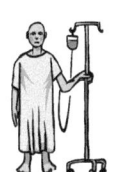

rák

rak

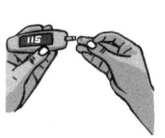

cukorbetegség

dijabetes

sebész

hirurg

szike

skalpel

műtét

operacija

CT
ct

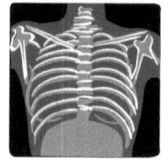

röntgen
rentgen

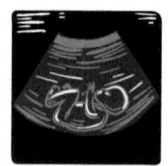

ultrahang
ultrazvuk

arcmaszk
maska

betegség
bolest

váróterem
čekaona

mankó
štaka

sebtapasz
flaster

kötszer
zavoj

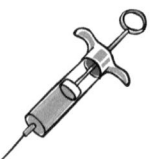

injekció
injekcija

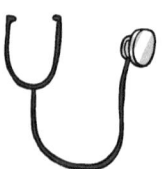

sztetoszkóp
stetoskop

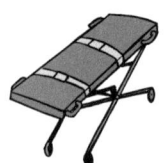

hordágy
nosila

klinikai hőmérő
termometar

születés
rođenje

túlsúly
prekomerna težina

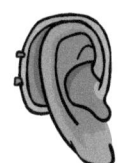

hallókészülék

slušni aparat

fertőtlenítőszer

sredstvo za dezinfekciju

fertőzés

infekcija

vírus

virus

HIV/AIDS

HIV / AIDS

orvosság

medicina

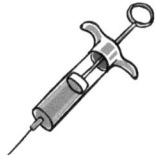

oltás

vakcinacija

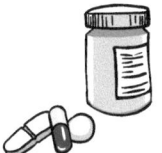

tabletták

tablete

tabletta

pilula

sürgősségi hívás

hitni poziv

vérnyomásmérő

uređaj za merenje pritiska

betegség / egészség

bolesno / zdravo

Segítség!

pomoć!

riasztás

alarm

rajtaütés

nasrtaj

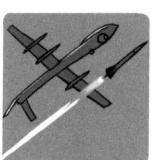

támadás

napad

veszély

opasnost

vészkijárat

izlaz u slučaju nužde

tűz!

požar!

tűzoltókészülék

protivpožarni aparat

baleset

nezgoda

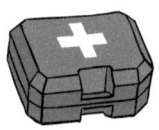

elsősegélycsomag

kutija prve pomoći

SOS

sos

rendőrség

policija

Európa

Evropa

Észak-Amerika

Severna Amerika

Dél-Amerika

Južna Amerika

Afrika

Afrika

Ázsia

Azija

Ausztrália

Australija

Atlanti-óceán

Atlantik

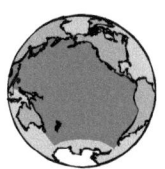

Csendes-óceán

Pacifik

Indiai-óceán

Indijski okean

Déli-óceán

Antarktički okean

Jeges-tenger

Arktički ocean

Északi-sark

Severni pol

Déli-sark
Južni pol

Antarktisz
Antarktik

föld
zemlja

szárazföld
zemlja

tenger
more

sziget
otok

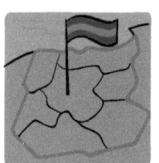

nemzet
nacija

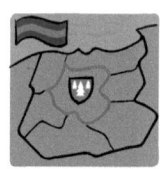

állam
država

föld - zemlja

számlap

brojčanik sata

kismutató

satna kazaljka

nagymutató

minutna kazaljka

másodpercmutató

sekundna kazaljka

Mennyi az idő?

Koliko je sati?

nap

dan

idő

vreme

most

sada

digitális óra

digitalni sat

perc

minuta

óra

čas

hét
sedmica

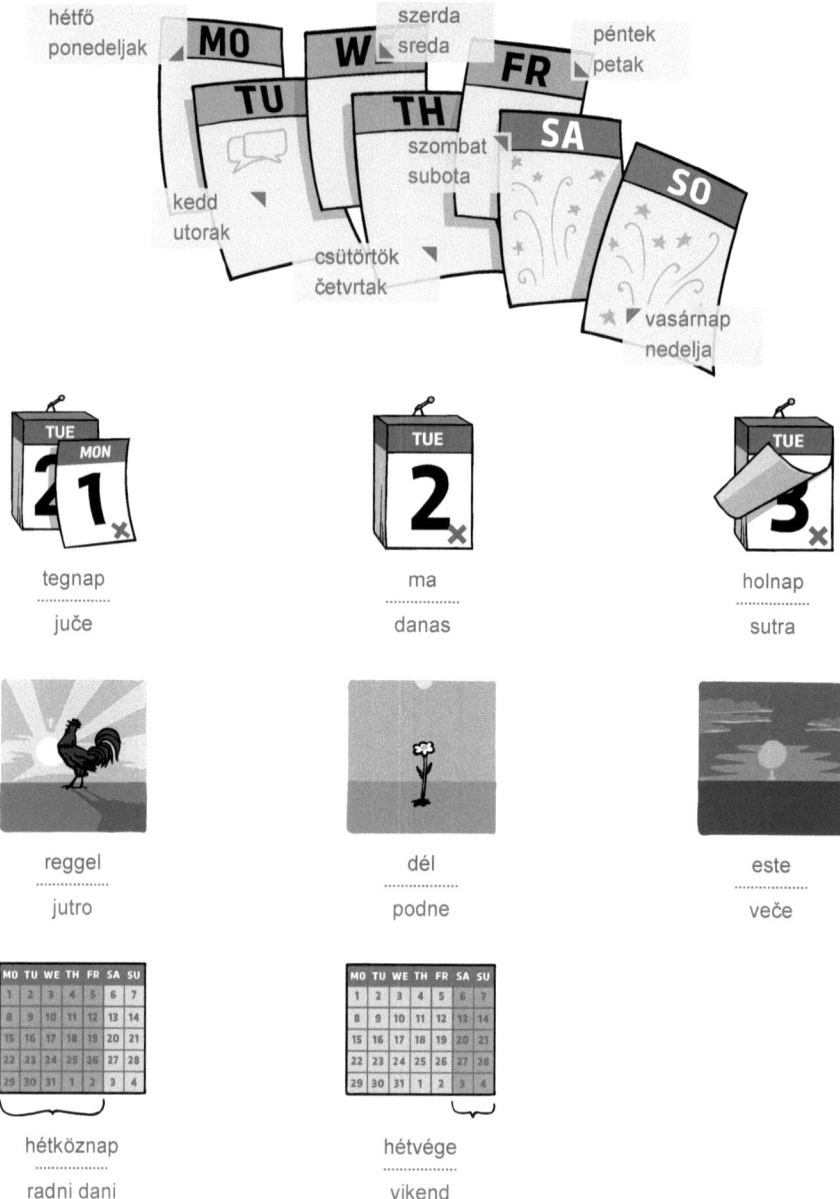

hétfő
ponedeljak

MO
TU

W
szerda
sreda

TH

FR
péntek
petak

kedd
utorak

szombat
subota

SA

SO

csütörtök
četvrtak

vasárnap
nedelja

tegnap
....
juče

ma
....
danas

holnap
....
sutra

reggel
....
jutro

dél
....
podne

este
....
veče

MO	TU	WE	TH	FR	SA	SU
1	2	3	4	5	6	7
8	9	10	11	12	13	14
15	16	17	18	19	20	21
22	23	24	25	26	27	28
29	30	31	1	2	3	4

hétköznap
....
radni dani

MO	TU	WE	TH	FR	SA	SU
1	2	3	4	5	6	7
8	9	10	11	12	13	14
15	16	17	18	19	20	21
22	23	24	25	26	27	28
29	30	31	1	2	3	4

hétvége
....
vikend

év
godina

eső
kiša
szivárvány
duga
szél
vetar
hó
sneg
tavasz
proleće
nyár
leto
ősz
jesen
tél
zima

4.APRIL 11°
5.APRIL 4°
6.APRIL 13°
7.APRIL 8°
8.APRIL 10°

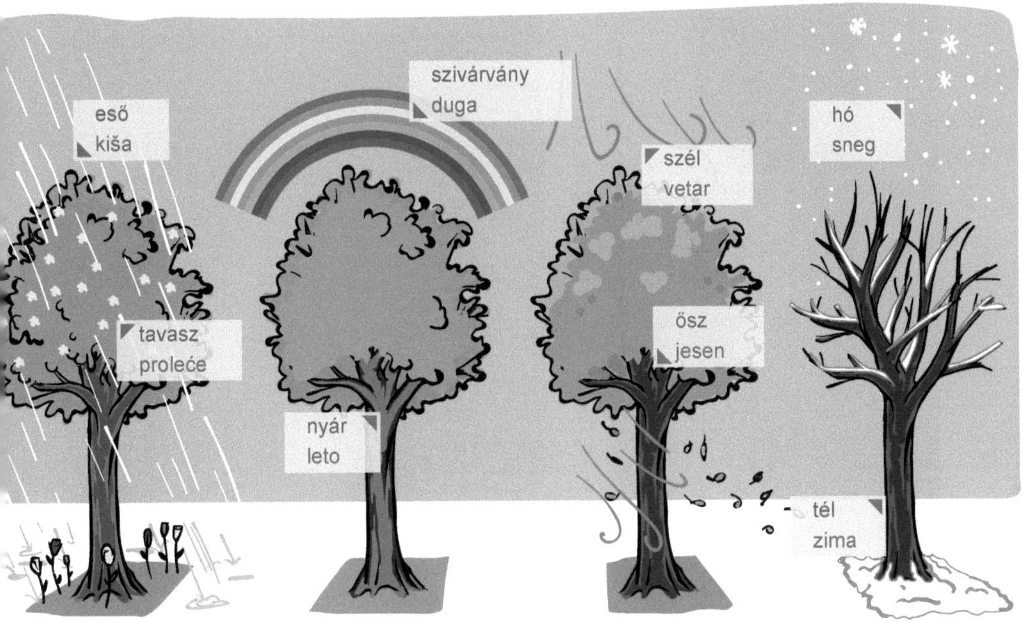

időjárás előrejelzés

meteorološka prognoza

F
C
120
90
60
30
0
-30
40
30
20
10
0
-10
-20

hőmérő

termometar

napsütés

sunčana svetlost

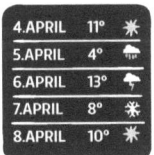

felhő

oblak

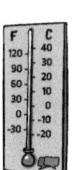

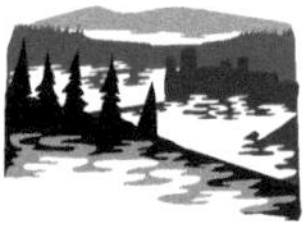

köd

magla

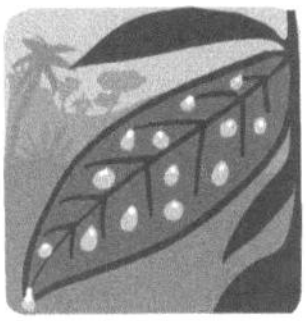

páratartalom

vlažnost vazduha

villámlás
munja

mennydörgés
grmljavina

vihar
oluja

jégeső
tuča

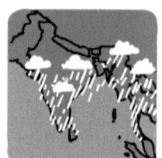

monszun
monsun

áradás
poplava

jég
led

január
januar

február
februar

március
mart

április
april

május
maj

június
juni

július
juli

augusztus
avgust

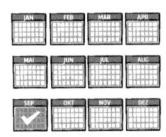

szeptember
....
septembar

október
....
oktobar

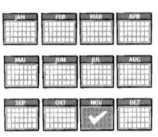

november
....
novembar

december
....
decembar

alakzatok
oblici

kör
....
krug

négyzet
....
kvadrat

téglalap
....
pravougao

háromszög
....
trougao

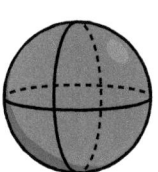

gömb
....
kugla

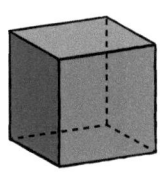

kocka
....
kocka

fehér
bela

sárga
žuta

narancs
narandžasta

rózsaszín
ružičasta

piros
crvena

lila
ljubičasta

kék
plava

zöld
zelena

barna
smeđa

szürke
siva

fekete
crna

sok / kevés
mnogo / malo

mérges / nyugodt
ljutito / mirno

szép / csúnya
lepo / ružno

kezdet / vég
početak / kraj

nagy / kicsi
veliko / maleno

világos / sötét
svetlo / tamno

fivér / nővér
brat / sestra

tiszta / koszos
čisto / prljavo

teljes / nem teljes
potpuno / nepotpuno

nappal / éjszaka
dan / noć

halott / élő
mrtvo / živo

széles / keskeny
široko / usko

ehető / nem ehető

jestivo / nejestivo

gonosz / kedves

zlo / dobro

izgatott / unott

uzbuđeno / dosadno

kövér / vékony

debelo / mršavo

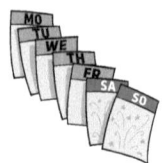

elsö / utolsó

na početku / na kraju

barát / ellenség

prijatelj / neprijatelj

teli / üres

puno / prazno

kemény / puha

tvrdo / mekano

nehéz / könnyű

teško / lagano

éhség / szomjúság

glad / žeđ

betegség / egészség

bolesno / zdravo

illegális / legális

ilegalno / legalno

intelligens / buta

pametno / glupo

bal / jobb

levo / desno

közel / távol

blizu / daleko

új / használt

novo / polovno

semmi / valami

ništa / nešto

idős / fiatal

staro / mlado

be / ki

uključeno / isključeno

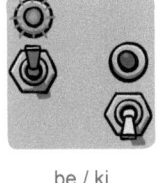

nyitva / zárva

otvoreno / zatvoreno

csendes / hangos

tiho / glasno

gazdag / szegény

bogato / siromašno

helyes / helytelen

tačno / pogrešno

érdes / sima

hrapavo / glatko

szomorú / vidám

tužno / sretno

rövid / hosszú

kratko / dugo

lassú / gyors

polako / brzo

nedves / száraz

mokro / suho

meleg / hideg

toplo / hladno

háború / béke

rat / mir

ellentétek - suprotnosti

0

nulla

nula

1

egy

jedan

2

kettő

dva

3

három

tri

4

négy

četiri

5

öt

pet

6

hat

šest

7

hét

sedam

8

nyolc

osam

9

kilenc

devet

10

tíz

deset

11

tizenegy

jedanaest

12	**13**	**14**
tizenkettő	tizenhárom	tizennégy
dvanaest	trinaest	četrnaest

15	**16**	**17**
tizenöt	tizenhat	tizenhét
petnaest	šestnaest	sedamnaest

18	**19**	**20**
tizennyolc	tizenkilenc	húsz
osamnaest	devetnaest	dvadeset

100	**1.000**	**1.000.000**
száz	ezer	millió
stotinu	hiljadu	milion

angol

engleski

amerikai angol

američki engleski

mandarin kínai

mandarinski kineski

hindi

hindski

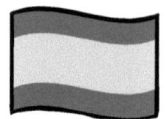

spanyol

španski

francia

francuski

arab

arapski

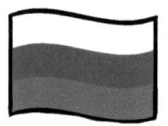

orosz

ruski

portugál

portugalski

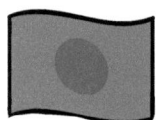

bengáli

bengalski

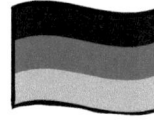

német

nemački

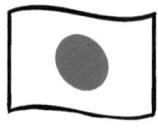

japán

japanski

én
ja

te
ti

ő
on / ona / ono

mi
mi

ti
vi

ők
oni

ki?
Ko?

mi?
Šta?

hogyan?
Kako?

hol?
Gde?

mikor?
Kada?

név
ime

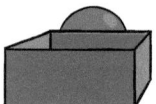

mögött

iza

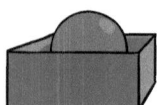

benne

u

elötte

ispred

felette

preko

rajta

na

alatta

ispod

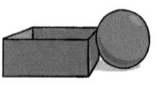

mellett

pored

között

između

hely

mesto